1000 Dinge, die man ironisch getan haben sollte, bevor man stirbt

Gregor Weichbrodt

Inhalt

Ironisch ein Vorwort schreiben 4

1000 Dinge, die man ironisch getan haben sollte 6

Über dieses Buch 61

Ironisch ein Vorwort schreiben

KATHRIN PASSIG

Ironisch ein Vorwort schreiben ist der einfachste Job der Welt. Wenn einem nichts einfällt, macht das nichts, denn sonst wäre es ja kein ironisches Vorwort, sondern ein ernstes. Eigentlich braucht man nur etwas Platz zu füllen mit einem vorwortähnlichen Text. Das erfordert jetzt etwas Improvisation, denn ich lese nie die Vorworte in anderen Büchern. Wenn das Vorwort von der Person ist, die das Buch geschrieben hat, passiert darin bestimmt nichts Wichtiges und man kann gleich zum ersten Kapitel blättern. Sonst wäre es ja nicht das Vorwort, sondern das erste Kapitel. Ist das Vorwort von jemand anderem, dann wird darin wahrscheinlich das Buch zusammengefasst, damit niemand denkt, die Vorwortautorin hätte das Buch nicht gelesen. Das Vorwort ist dann voller Spoiler und man darf es erst recht nicht lesen. Lästig ist auch, dass die Kindle-Leseproben von Büchern oft nach dem Vorwort enden. Man soll also eine Kaufentscheidung auf der Basis eines Textes treffen, der ganz anders ist als der Rest des Buchs. Falls die Leseprobe dieses Buchs nach dem Vorwort endet, möchte ich die Leserinnen und Leser unbedingt ermutigen, das Buch zu kaufen, es wird überhaupt nichts mit diesem Vorwort zu tun haben und viel besser sein. Glaube ich jedenfalls, denn natürlich habe ich das Buch nicht gelesen. Alles andere wäre nicht ironisch.

Kathrin Passig

1000 Dinge, die man ironisch getan haben sollte, bevor man stirbt

- ☑ Ironisch ein Buch aufschlagen
- ☐ Ironisch Unterschriften sammeln
- ☐ Ironisch Nein sagen
- ☐ Ironisch Voodoo geben
- ☐ Ironisch einen Podcast machen
- ☐ Ironisch tugendhafte Zurückhaltung inszenieren
- ☐ Ironisch eine Schlägerei anzetteln
- ☐ Ironisch neue Follower dazugewinnen
- ☐ Ironisch eine Gefahr darstellen
- ☐ Ironisch die Treppe herunterstolpern
- ☐ Ironisch eine Psychoanalyse machen
- ☐ Ironisch zahlreiche Sonderrechte abschaffen
- ☐ Ironisch den Bus verpassen
- ☐ Ironisch den Unterricht schwänzen
- ☐ Ironisch Medikamente kochen
- ☐ Ironisch Zweifel streuen
- ☐ Ironisch befreit durchatmen
- ☐ Ironisch religiöse Kleidung tragen
- ☐ Ironisch Rachmaninow spielen

- [ ] Ironisch die Füße hochlegen
- [ ] Ironisch die untere Bauchmuskulatur stärken
- [ ] Ironisch die Lebensarbeitszeit verlängern
- [ ] Ironisch die Assistenzstelle annehmen
- [ ] Ironisch Anzeige erstatten
- [ ] Ironisch Feedback geben
- [ ] Ironisch eine öffentliche Toilette benutzen
- [ ] Ironisch zirpende Geräusche erzeugen
- [ ] Ironisch die DSDS-Villa verlassen
- [ ] Ironisch die Geschwindigkeitsbegrenzung überschreiten
- [ ] Ironisch eine neue clubtaugliche Seite präsentieren
- [ ] Ironisch Fehler eingestehen
- [ ] Ironisch Kunsthandwerk kaufen
- [ ] Ironisch einen langweiligen Witz erzählen
- [ ] Ironisch die Antidepressiva absetzen
- [ ] Ironisch einen Wasserfall hinaufschwimmen
- [ ] Ironisch experimentelle elektronische Musik machen
- [ ] Ironisch eine andere Meinung aushalten

- ☐ Ironisch Kompromisse eingehen
- ☐ Ironisch E-Mails lesen
- ☐ Ironisch ein außenpolitisches Ablenkungsmanöver starten
- ☐ Ironisch die Arbeitsproduktivität erhöhen
- ☐ Ironisch Jubiläum feiern
- ☐ Ironisch Rauch ignorieren
- ☐ Ironisch die Rente ausrechnen
- ☐ Ironisch ein Demokratie-Festival veranstalten
- ☐ Ironisch ein Zweitstudium beginnen
- ☐ Ironisch einen Nuklearsprengkopf stehlen
- ☐ Ironisch Fett verbrennen
- ☐ Ironisch die seltene Zauneidechse verdrängen
- ☐ Ironisch eigene Standards senken
- ☐ Ironisch eine Familie gründen
- ☐ Ironisch großen Schaden anrichten
- ☐ Ironisch die Hand reichen
- ☐ Ironisch ein Ohr abschneiden
- ☐ Ironisch die Zukunft vorhersehen
- ☐ Ironisch die nationale Sicherheitslage beurteilen

- [ ] Ironisch die Bürokratie reduzieren
- [ ] Ironisch den Officer fragen
- [ ] Ironisch Überstunden einlegen
- [ ] Ironisch Einhorn-Status erreichen
- [ ] Ironisch ein schlechtes Beispiel geben
- [ ] Ironisch eine untergeordnete Rolle spielen
- [ ] Ironisch ein Onlineseminar anbieten
- [ ] Ironisch Demütigungen ertragen
- [ ] Ironisch Schokolade essen
- [ ] Ironisch Grüße ausrichten
- [ ] Ironisch ein Sicherheitsrisiko darstellen
- [ ] Ironisch eine Cordjacke überziehen
- [ ] Ironisch submissive Fantasien ausleben
- [ ] Ironisch Neuland beschreiten
- [ ] Ironisch einen Mantel tragen
- [ ] Ironisch Haare verlieren
- [ ] Ironisch den eigenen Lebensstandard erhöhen
- [ ] Ironisch Ackerbau betreiben
- [ ] Ironisch Aktien kaufen
- [ ] Ironisch eine langweilige Fernsehsendung ansehen

- ☐ Ironisch eine Hotline anrufen
- ☐ Ironisch Geständnisse widerrufen
- ☐ Ironisch einen Drink bestellen
- ☐ Ironisch Ermittlungsarbeit sabotieren
- ☐ Ironisch Tierstimmen imitieren
- ☐ Ironisch den Weihnachtsmann spielen
- ☐ Ironisch Autoscooter fahren
- ☐ Ironisch die Brechstange rausholen
- ☐ Ironisch die eigene Fitness überschätzen
- ☐ Ironisch die eigene berufliche Hinrichtung zelebrieren
- ☐ Ironisch einen Pop-up-Store eröffnen
- ☐ Ironisch das Gehirn wegpusten
- ☐ Ironisch das Gegenteil behaupten
- ☐ Ironisch die Notbremse ziehen
- ☐ Ironisch ein Buch schreiben
- ☐ Ironisch eine ganze Generation verunglimpfen
- ☐ Ironisch Lösegeld verlangen
- ☐ Ironisch E-Mails verschicken
- ☐ Ironisch die Internationale Raumstation besuchen

- ☐ Ironisch eine politische Karriere beginnen
- ☐ Ironisch Tapferkeit vortäuschen
- ☐ Ironisch eine Marktlücke füllen
- ☐ Ironisch europäische Rucksacktouristinnen abschleppen
- ☐ Ironisch einen guten Morgen wünschen
- ☐ Ironisch Mittagessen essen
- ☐ Ironisch die steigende Nachfrage befriedigen
- ☐ Ironisch einen Overhead-Projektor klauen
- ☐ Ironisch finanzielle Einbußen hinnehmen
- ☐ Ironisch den ganzen Tag kauern
- ☐ Ironisch heimische Pflanzen dezimieren
- ☐ Ironisch einen dicken Schnäuzer wachsen lassen
- ☐ Ironisch das deutsche Theaterleben beeinflussen
- ☐ Ironisch über eine Botox-Behandlung nachdenken
- ☐ Ironisch ein Fax verschicken
- ☐ Ironisch die Gurgel ölen
- ☐ Ironisch die nächsten Monate abwarten
- ☐ Ironisch das eigene Engagement hervorheben
- ☐ Ironisch Wasser trinken

- ☐ Ironisch Vielfalt feiern
- ☐ Ironisch eine Notlandung machen
- ☐ Ironisch Prioritäten hinterfragen
- ☐ Ironisch eine neue literarische Gattung schaffen
- ☐ Ironisch ein unwürdiges Ende nehmen
- ☐ Ironisch Moped fahren
- ☐ Ironisch Geld überweisen
- ☐ Ironisch Reitstunden nehmen
- ☐ Ironisch ein Rollenspiel inszenieren
- ☐ Ironisch Vogelfutter probieren
- ☐ Ironisch Flixbus fahren
- ☐ Ironisch tiefe Spuren hinterlassen
- ☐ Ironisch unpopuläre Standpunkte einnehmen
- ☐ Ironisch blutige Rache schwören
- ☐ Ironisch die internationale Gemeinschaft einsetzen
- ☐ Ironisch entgeisterte Schreie ausstoßen
- ☐ Ironisch neue Riechrezeptorzellen bilden
- ☐ Ironisch das globale Wirtschaftswachstum beeinträchtigen
- ☐ Ironisch Abstand halten

- ☐ Ironisch vermögendes Publikum ansprechen
- ☐ Ironisch Wodka trinken
- ☐ Ironisch alte Weihnachtsbäume einsammeln
- ☐ Ironisch enorme Verwüstungen anrichten
- ☐ Ironisch eine ganze Region destabilisieren
- ☐ Ironisch Bluetooth unterstützen
- ☐ Ironisch eine City-Maut erheben
- ☐ Ironisch Abitur machen
- ☐ Ironisch Architektur studieren
- ☐ Ironisch ein Vielfaches verdienen
- ☐ Ironisch Leute anstarren
- ☐ Ironisch unbezahlten Urlaub nehmen
- ☐ Ironisch Tagebuch schreiben
- ☐ Ironisch einen Stimmungswandel bewirken
- ☐ Ironisch ein neues Leben beginnen
- ☐ Ironisch den Brexit hinkriegen
- ☐ Ironisch die Schließzeiten beachten
- ☐ Ironisch Abschied nehmen
- ☐ Ironisch Träume deuten
- ☐ Ironisch Vorbilder parodieren

- ☐ Ironisch einen Porno machen
- ☐ Ironisch das Haus abreißen
- ☐ Ironisch eine Haftstrafe antreten
- ☐ Ironisch große Mühe geben
- ☐ Ironisch lange Hand auflegen
- ☐ Ironisch den Gasherd anlassen
- ☐ Ironisch ein neues Ladegerät kaufen
- ☐ Ironisch unrealistische Pläne schmieden
- ☐ Ironisch eine Klärgrube auspumpen
- ☐ Ironisch erste Erfahrungen sammeln
- ☐ Ironisch die Lebensqualität senken
- ☐ Ironisch Frieden schließen
- ☐ Ironisch die Geschichte verändern
- ☐ Ironisch ein Gesundheitsrisiko darstellen
- ☐ Ironisch Behördengänge erledigen
- ☐ Ironisch Korruption verurteilen
- ☐ Ironisch die neue Regierung bilden
- ☐ Ironisch am Sack kratzen
- ☐ Ironisch Aspirin nehmen
- ☐ Ironisch die Funke Mediengruppe zitieren

- ☐ Ironisch Dosenbier trinken
- ☐ Ironisch Heuhaufen verbrennen
- ☐ Ironisch die Windschutzscheibe verschmieren
- ☐ Ironisch französisch sprechen
- ☐ Ironisch einen Schauspielkurs besuchen
- ☐ Ironisch einen verheirateten Mann lieben
- ☐ Ironisch eine Glatze rasieren
- ☐ Ironisch die Rezeption anrufen
- ☐ Ironisch Geld leihen
- ☐ Ironisch Rückschläge hinnehmen
- ☐ Ironisch Scheiße bauen
- ☐ Ironisch buddhistische Rituale durchführen
- ☐ Ironisch sich in einen Stau begeben
- ☐ Ironisch Chemie studieren
- ☐ Ironisch Mühe geben
- ☐ Ironisch die Fünf-Prozent-Hürde erklimmen
- ☐ Ironisch die Jugend bevormunden
- ☐ Ironisch eine Brille tragen
- ☐ Ironisch hohe Verluste hinnehmen
- ☐ Ironisch Mitarbeiter überwachen

- ☐ Ironisch ein Selbstgespräch führen
- ☐ Ironisch eine Uni besuchen
- ☐ Ironisch einen Brief schreiben
- ☐ Ironisch Tabus verletzen
- ☐ Ironisch eine hohe Lebensqualität genießen
- ☐ Ironisch die gleichen Fehler machen
- ☐ Ironisch einen Martini schlürfen
- ☐ Ironisch die Arbeitsleistung verweigern
- ☐ Ironisch Erbansprüche stellen
- ☐ Ironisch die Anstrengungen verdreifachen
- ☐ Ironisch die Vorhänge zuziehen
- ☐ Ironisch dem eigenen Ruf schaden
- ☐ Ironisch einen neuen Computer kaufen
- ☐ Ironisch die richtigen Rahmenbedingungen schaffen
- ☐ Ironisch eine Punkband gründen
- ☐ Ironisch Champagner schlürfen
- ☐ Ironisch mexikanische Folksongs hören
- ☐ Ironisch den Job hinschmeißen
- ☐ Ironisch Schafe weiden
- ☐ Ironisch Piercings stechen lassen

- [ ] Ironisch die Warnblinkanlage einschalten
- [ ] Ironisch die volle Verantwortung übernehmen
- [ ] Ironisch einen englischen Garten anlegen
- [ ] Ironisch Schuldenberge anhäufen
- [ ] Ironisch die Auskunft anrufen
- [ ] Ironisch Körpergeruch vermindern
- [ ] Ironisch ein weihnachtliches Blockflötenkonzert sprengen
- [ ] Ironisch die Haare abrasieren
- [ ] Ironisch Uran anreichern
- [ ] Ironisch eine Ernährungsstrategie erarbeiten
- [ ] Ironisch den Mund halten
- [ ] Ironisch Roller fahren
- [ ] Ironisch Schrecken verbreiten
- [ ] Ironisch Vollzeit arbeiten
- [ ] Ironisch eine geeignete Lücke suchen
- [ ] Ironisch ein Foto machen
- [ ] Ironisch Schwäne füttern
- [ ] Ironisch Schulden begleichen
- [ ] Ironisch eine schiefe Haltung einnehmen

- ☐ Ironisch die berufliche Zukunft verspielen
- ☐ Ironisch den SPD-Vorsitz übernehmen
- ☐ Ironisch einen Namens-Zusatz tragen
- ☐ Ironisch Hemden tragen
- ☐ Ironisch die Sterne zählen
- ☐ Ironisch einen Club aufmachen
- ☐ Ironisch einen Dudelsack kaufen
- ☐ Ironisch finanzielle Unabhängigkeit schätzen
- ☐ Ironisch die eigene Reichweite vergrößern
- ☐ Ironisch einen esoterischen Trend mitmachen
- ☐ Ironisch moderne Managementkonzepte vorstellen
- ☐ Ironisch Kunden täuschen
- ☐ Ironisch Bücher lesen
- ☐ Ironisch neue Wählerschichten ansprechen
- ☐ Ironisch die heimischen Götter verraten
- ☐ Ironisch ein Kuscheltier einpacken
- ☐ Ironisch einen Newsletter abonnieren
- ☐ Ironisch eine internationale Expertenkommission berufen
- ☐ Ironisch hundertjähriges Jubiläum feiern

- ☐ Ironisch Likes bekommen
- ☐ Ironisch eine wichtige Rolle spielen
- ☐ Ironisch die Mullahs provozieren
- ☐ Ironisch ein Schalke-Trikot tragen
- ☐ Ironisch eine Schweinezucht betreiben
- ☐ Ironisch ein abschließendes Okay geben
- ☐ Ironisch einen breiten warmen Fluss hinabtreiben
- ☐ Ironisch den Börsenwert erhöhen
- ☐ Ironisch das Haar hochstecken
- ☐ Ironisch die Gesellschaft prägen
- ☐ Ironisch beachtliche Reichtümer anhäufen
- ☐ Ironisch Medizin studieren
- ☐ Ironisch Regierungsverantwortung übernehmen
- ☐ Ironisch die öffentliche Sicherheit gefährden
- ☐ Ironisch Tipps geben
- ☐ Ironisch in die fünfte Klassen gehen
- ☐ Ironisch Fehler einsehen
- ☐ Ironisch das Landesverfassungsgericht einschalten
- ☐ Ironisch Sicherheit garantieren
- ☐ Ironisch die andere Wange hinhalten

- ☐ Ironisch gute Laune verbreiten
- ☐ Ironisch einen neuen Kredit beantragen
- ☐ Ironisch eine Karnickelzucht anlegen
- ☐ Ironisch den Mittelfinger zeigen
- ☐ Ironisch die Welt verändern
- ☐ Ironisch Freunde finden
- ☐ Ironisch die Apokalypse vorantreiben
- ☐ Ironisch Karotten essen
- ☐ Ironisch alte Gewohnheiten loslassen
- ☐ Ironisch eine Niere entfernen
- ☐ Ironisch Nagetiere vertreiben
- ☐ Ironisch Seitanwürstchen braten
- ☐ Ironisch höhere Gehälter ausbezahlen
- ☐ Ironisch einen Streifenwagen anfordern
- ☐ Ironisch ein mehrbändiges Werk verfassen
- ☐ Ironisch die Bolens besuchen
- ☐ Ironisch kostbaren Speicherplatz belegen
- ☐ Ironisch ein falsches Zeichen setzen
- ☐ Ironisch einen neuen Europarekord feiern
- ☐ Ironisch Pilze essen

- ☐ Ironisch einen luxemburgischen Grafentitel führen
- ☐ Ironisch hochhackige Schuhe tragen
- ☐ Ironisch Vögel beobachten
- ☐ Ironisch hintereinanderliegende Glasfronten durchbrechen
- ☐ Ironisch Kritik einstecken
- ☐ Ironisch einen Spiegel vorhalten
- ☐ Ironisch sexy aussehen
- ☐ Ironisch die Zunge rausstrecken
- ☐ Ironisch gravierende Fehler machen
- ☐ Ironisch Babynahrung mitbringen
- ☐ Ironisch Unruheherde bilden
- ☐ Ironisch Golf spielen
- ☐ Ironisch Gehalt kürzen
- ☐ Ironisch Arbeitsbedingungen verbessern
- ☐ Ironisch eine Maske aufsetzen
- ☐ Ironisch den ganzen Tag schreien
- ☐ Ironisch intelligente Zuschauer verärgern
- ☐ Ironisch Comedy machen
- ☐ Ironisch die Reichweite erhöhen

- ☐ Ironisch Goldfische züchten
- ☐ Ironisch Sympathiepunkte einstreichen
- ☐ Ironisch Telefonbücher lesen
- ☐ Ironisch einen peinlichen Vorfall vertuschen
- ☐ Ironisch mit den Kumpels feiern
- ☐ Ironisch eine heimliche Affäre beginnen
- ☐ Ironisch Ermittlungspannen eingestehen
- ☐ Ironisch Ohrringe tragen
- ☐ Ironisch Grundstücke kaufen
- ☐ Ironisch eine Cocktailparty veranstalten
- ☐ Ironisch eine Tür eintreten
- ☐ Ironisch ein unglückliches Leben führen
- ☐ Ironisch die Ersatzbank drücken
- ☐ Ironisch ein Lächeln zeigen
- ☐ Ironisch die verlorene Jugend beklagen
- ☐ Ironisch eine fremde E-Mail-Adresse angeben
- ☐ Ironisch Bakterien züchten
- ☐ Ironisch oscarreif Orgasmen vortäuschen
- ☐ Ironisch einen QR-Code scannen
- ☐ Ironisch Geld investieren

- [ ] Ironisch Stoffhosen tragen
- [ ] Ironisch eine neue Band gründen
- [ ] Ironisch einen neuen Sport betreiben
- [ ] Ironisch billige Tricks verwenden
- [ ] Ironisch Anrufe verpassen
- [ ] Ironisch eine Vollbremsung machen
- [ ] Ironisch ein Wohnungsbauportfolio vorweisen
- [ ] Ironisch im Park sitzen
- [ ] Ironisch Klingonisch üben
- [ ] Ironisch eine andere Hose anziehen
- [ ] Ironisch Dehnübungen machen
- [ ] Ironisch einen Kleingarten anschaffen
- [ ] Ironisch falsche Spuren legen
- [ ] Ironisch einen 160 Kilogramm schweren Warschauer Zackenbarsch fangen
- [ ] Ironisch die gesetzlichen Mindeststandards erfüllen
- [ ] Ironisch eine geheimnisvolle Zeremonie durchführen
- [ ] Ironisch den Teppich ruinieren
- [ ] Ironisch ein Problem darstellen

- ☐ Ironisch chronische Krankheiten begünstigen
- ☐ Ironisch ein grausames Ende ausmalen
- ☐ Ironisch falsche Schlüsse ziehen
- ☐ Ironisch einen Vertrag kündigen
- ☐ Ironisch den Sopranpart übernehmen
- ☐ Ironisch einen Bus nehmen
- ☐ Ironisch ein Taxi anhalten
- ☐ Ironisch im Vernehmungszimmer sitzen
- ☐ Ironisch eine Party veranstalten
- ☐ Ironisch einen Tanz aufführen
- ☐ Ironisch Paläontologie studieren
- ☐ Ironisch die Partei verlassen
- ☐ Ironisch Latein sprechen
- ☐ Ironisch Intellektuelle ansprechen
- ☐ Ironisch die Aussage verändern
- ☐ Ironisch die Europäische Union verlassen
- ☐ Ironisch Gutscheine einlösen
- ☐ Ironisch alkoholische Mischgetränke trinken
- ☐ Ironisch Wochen warten
- ☐ Ironisch elegante Kleidung tragen

- ☐ Ironisch eine Firma gründen
- ☐ Ironisch Haustiere reißen
- ☐ Ironisch mit den Hüften kreisen
- ☐ Ironisch eine Berufshaftpflichtversicherung abschließen
- ☐ Ironisch grundlegende Wahrnehmungen prägen
- ☐ Ironisch Menschen unterjochen
- ☐ Ironisch den Boden wischen
- ☐ Ironisch das Telefon abstellen
- ☐ Ironisch Hasch kaufen
- ☐ Ironisch Glück wünschen
- ☐ Ironisch den öffentlichen Frieden gefährden
- ☐ Ironisch dummes Zeug quatschen
- ☐ Ironisch die Geschwindigkeit unterschätzen
- ☐ Ironisch das Präsidentenamt antreten
- ☐ Ironisch den Nachbarn erschießen
- ☐ Ironisch eine staatliche Schauspielschule besuchen
- ☐ Ironisch lieber Fußball spielen
- ☐ Ironisch das Selbstbewusstsein steigern
- ☐ Ironisch höhere Löhne zahlen

- ☐ Ironisch Schimmelbildung verhindern
- ☐ Ironisch den Mehringdamm entlangfahren
- ☐ Ironisch Grandpa anrufen
- ☐ Ironisch eine zweimonatige Haftstrafe verbüßen
- ☐ Ironisch obszöne Handlungen ausführen
- ☐ Ironisch einen Fernleitungsmast umreißen
- ☐ Ironisch den katholischen Glauben annehmen
- ☐ Ironisch ein Kreuz tragen
- ☐ Ironisch teure Autos verkaufen
- ☐ Ironisch ein drittes Mal kandidieren
- ☐ Ironisch ein nachträgliches Geburtstagsgeschenk machen
- ☐ Ironisch einen Waschbrettbauch antrainieren
- ☐ Ironisch ein Wählscheibentelefon bedienen
- ☐ Ironisch Initiative ergreifen
- ☐ Ironisch einen Bart tragen
- ☐ Ironisch den halben Schädel rasieren
- ☐ Ironisch die französische Motorradmeisterschaft gewinnen
- ☐ Ironisch die Luft anhalten

- ☐ Ironisch eine tragische Hauptrolle spielen
- ☐ Ironisch den dreizehnten Platz belegen
- ☐ Ironisch eine Niederlage eingestehen
- ☐ Ironisch ein legeres weißes Sommerkleid tragen
- ☐ Ironisch eigene Entscheidung treffen
- ☐ Ironisch das kommende Jahrzehnt bestimmen
- ☐ Ironisch elterlichen Betrieb übernehmen
- ☐ Ironisch Gift nehmen
- ☐ Ironisch geistiges Eigentum stehlen
- ☐ Ironisch die Bundesratspräsidentschaft übernehmen
- ☐ Ironisch einen schmerzhaften Nasenring tragen
- ☐ Ironisch enorme Kosten verursachen
- ☐ Ironisch das Wachstum bremsen
- ☐ Ironisch eine Verzichtserklärung unterschreiben
- ☐ Ironisch das Zeichnen aufgeben
- ☐ Ironisch einen anderen Mann heiraten
- ☐ Ironisch Rechnungen bezahlen
- ☐ Ironisch ergänzende Fragen stellen
- ☐ Ironisch Pancakes essen

- ☐ Ironisch Zugeständnisse machen
- ☐ Ironisch Fluchtwagen fahren
- ☐ Ironisch einen Notruf abgeben
- ☐ Ironisch unhaltbare Behauptungen aufstellen
- ☐ Ironisch die Digitalisierung meistern
- ☐ Ironisch eine Axt mitnehmen
- ☐ Ironisch eine andere Mannschaft anfeuern
- ☐ Ironisch den Schienengüterverkehr revolutionieren
- ☐ Ironisch eine Privatschule besuchen
- ☐ Ironisch ungewöhnliche Wellnesstrends ausprobieren
- ☐ Ironisch das Landschaftsbild prägen
- ☐ Ironisch die Geburtenrate verdoppeln
- ☐ Ironisch FDP-Politiker einladen
- ☐ Ironisch Das Kapital lesen
- ☐ Ironisch eine Pressekonferenz abhalten
- ☐ Ironisch eine Versicherungssumme erschleichen
- ☐ Ironisch indochinesische Tiger halten
- ☐ Ironisch die eigene Selbständigkeit aufgeben
- ☐ Ironisch eine Zahlungsverpflichtungserklärung

unterzeichnen
- [ ] Ironisch bunte Pullover tragen
- [ ] Ironisch Hühner ausweiden
- [ ] Ironisch einen Gehstock benutzen
- [ ] Ironisch Spanisch sprechen
- [ ] Ironisch eine Schnute ziehen
- [ ] Ironisch ein Haus kaufen
- [ ] Ironisch ein Buch lesen
- [ ] Ironisch „Friends"-Fans verstehen
- [ ] Ironisch die Straßenseite wechseln
- [ ] Ironisch zentrale Wahlversprechen einlösen
- [ ] Ironisch Getreide mahlen
- [ ] Ironisch Reiki geben
- [ ] Ironisch einen richtigen Beruf lernen
- [ ] Ironisch die Masern-Schutzimpfung nachweisen
- [ ] Ironisch Fotos machen
- [ ] Ironisch einen Anfall kriegen
- [ ] Ironisch Lohndumping fördern
- [ ] Ironisch die Fußball-Bundesliga anschauen
- [ ] Ironisch die Nase brechen

- ☐ Ironisch Emissionen reduzieren
- ☐ Ironisch die Karriere vergessen
- ☐ Ironisch die Situation verschlimmern
- ☐ Ironisch die Staatsoper besuchen
- ☐ Ironisch die Heimreise antreten
- ☐ Ironisch einen Heiratsantrag machen
- ☐ Ironisch das aktuelle Windows nutzen
- ☐ Ironisch einen tirolischen Dialekt pflegen
- ☐ Ironisch eine Weltuntergangsparty veranstalten
- ☐ Ironisch Vollzeitrente beziehen
- ☐ Ironisch unbeschwert leben
- ☐ Ironisch die Klimaschutzziele erreichen
- ☐ Ironisch die Sicht behindern
- ☐ Ironisch Ideen einbringen
- ☐ Ironisch Obst essen
- ☐ Ironisch ein umfangreiches essayistisches Werk hinterlassen
- ☐ Ironisch unangenehmen Gesprächen ausweichen
- ☐ Ironisch einen weitläufigen englischen Park anlegen
- ☐ Ironisch Acker bestellen

- ☐ Ironisch den Wendler kennen
- ☐ Ironisch Winterschlaf halten
- ☐ Ironisch die deutsche Nationalhymne lernen
- ☐ Ironisch Orgel spielen
- ☐ Ironisch einen Infrarot-Nachtsichtaufsatz benutzen
- ☐ Ironisch Grenzen überwinden
- ☐ Ironisch die Hose ausziehen
- ☐ Ironisch melodische Hard-Rock-Lieder anspielen
- ☐ Ironisch eine Predigt halten
- ☐ Ironisch im Dortmunder Kinderchor singen
- ☐ Ironisch HTML-Code kopieren
- ☐ Ironisch ein Praktikum machen
- ☐ Ironisch Minister austauschen
- ☐ Ironisch eine „Tatort"-Folge sehen
- ☐ Ironisch Beweise vernichten
- ☐ Ironisch das Käsemonopol halten
- ☐ Ironisch Probleme wegsaufen
- ☐ Ironisch JavaScript ausführen
- ☐ Ironisch den Mittelstand stärken
- ☐ Ironisch die Datenschutz-

Grundverordnung überarbeiten

- [ ] Ironisch die schlimmsten Befürchtungen bestätigen
- [ ] Ironisch die Initiative ergreifen
- [ ] Ironisch einen Helm tragen
- [ ] Ironisch das Sorgerecht ausüben
- [ ] Ironisch Formulare ausfüllen
- [ ] Ironisch den Versuch aufgeben
- [ ] Ironisch die Straße entlangschlendern
- [ ] Ironisch Tee trinken
- [ ] Ironisch den Sicherheitsgurt anlegen
- [ ] Ironisch einen Kredit aufnehmen
- [ ] Ironisch eine Landesregierung anführen
- [ ] Ironisch Hanfpflanzen anbauen
- [ ] Ironisch einen sogenannten Vorzeige-Supermarkt errichten
- [ ] Ironisch einen Weihnachtsmarkt besuchen
- [ ] Ironisch das Naturschutzgebiet respektieren
- [ ] Ironisch Hochverrat begehen
- [ ] Ironisch einen Stau verursachen
- [ ] Ironisch ein bisschen Italienisch sprechen

- ☐ Ironisch heruntergekommene Klamotten tragen
- ☐ Ironisch allgemeine Aussagen machen
- ☐ Ironisch das Landschaftsbild bestimmen
- ☐ Ironisch das komplizierte französische Rentensystem vereinheitlichen
- ☐ Ironisch die Böllerverbotszonen ausweiten
- ☐ Ironisch geknickt sein
- ☐ Ironisch den Frühling begrüßen
- ☐ Ironisch den Bus kriegen
- ☐ Ironisch eine Zeitung gründen
- ☐ Ironisch Trauerlieder singen
- ☐ Ironisch einer Drohung parieren
- ☐ Ironisch egomanen Schwachsinn wiederkäuen
- ☐ Ironisch weltoffene Ex-SPD-Wähler ansprechen
- ☐ Ironisch die Pergola umranken
- ☐ Ironisch ein Haus anzünden
- ☐ Ironisch Kathrin fragen
- ☐ Ironisch die Bildhauerei aufgeben
- ☐ Ironisch Studiengebühren bezahlen
- ☐ Ironisch archäologische Fundstätten

durcheinanderbringen
- [ ] Ironisch ein Tattoo stechen lassen
- [ ] Ironisch ein Lösegeld erpressen
- [ ] Ironisch Bibelverse lesen
- [ ] Ironisch die Internetverbindung unterbrechen
- [ ] Ironisch einen schwarzen Frack tragen
- [ ] Ironisch immense Kosten verursachen
- [ ] Ironisch halbe Sachen abliefern
- [ ] Ironisch eine Sonnenbrille tragen
- [ ] Ironisch die eigene Weltoffenheit feiern
- [ ] Ironisch eine Handy-Rechnung bezahlen
- [ ] Ironisch Geld sparen
- [ ] Ironisch einen Durchbruch verzeichnen
- [ ] Ironisch die Studiengebühren bezahlen
- [ ] Ironisch spezielle Vorschriften erlassen
- [ ] Ironisch höhere Sozialleistungen erschleichen
- [ ] Ironisch die Zukunft voraussagen
- [ ] Ironisch die Großmutter beerdigen
- [ ] Ironisch eine akademische Ausbildung nachweisen
- [ ] Ironisch parlamentarische Immunität genießen

- ☐ Ironisch den ganzen Nachmittag herumlaufen
- ☐ Ironisch den Betrieb stilllegen
- ☐ Ironisch gewisse Charakterdefizite besitzen
- ☐ Ironisch ein Klagelied singen
- ☐ Ironisch die Einstellungen speichern
- ☐ Ironisch gesellschaftliche Unruhen herbeiführen
- ☐ Ironisch das Rauchen aufgeben
- ☐ Ironisch ein dickes Trinkgeld geben
- ☐ Ironisch ein Geständnis ablegen
- ☐ Ironisch überflüssige technische Neuerung aufnötigen
- ☐ Ironisch 72. Geburtstag feiern
- ☐ Ironisch Sprengsätze entschärfen
- ☐ Ironisch Beschwerde einlegen
- ☐ Ironisch Schall erzeugen
- ☐ Ironisch Energie sparen
- ☐ Ironisch eine nichtindogermanische Sprache sprechen
- ☐ Ironisch Einhandflöte spielen
- ☐ Ironisch Funklöcher abschaffen

- ☐ Ironisch eine Sinfonie komponieren
- ☐ Ironisch eine Regierung bilden
- ☐ Ironisch Cassetten abspielen
- ☐ Ironisch Urdu sprechen
- ☐ Ironisch unbequeme Fragen stellen
- ☐ Ironisch öffentliche Gelder bekommen
- ☐ Ironisch Steuern zahlen
- ☐ Ironisch die Strompreise erhöhen
- ☐ Ironisch neue Verhaltensmuster etablieren
- ☐ Ironisch Pädagogik studieren
- ☐ Ironisch Zuhause anrufen
- ☐ Ironisch eine höhere Kaution zahlen
- ☐ Ironisch die falsche Wahl treffen
- ☐ Ironisch eine Mediation bezahlen
- ☐ Ironisch zu einer Beerdigung gehen
- ☐ Ironisch die Scheidung einreichen
- ☐ Ironisch eine Bemerkung mißverstehen
- ☐ Ironisch einen Anwalt einschalten
- ☐ Ironisch eine Gaspipeline bauen
- ☐ Ironisch Speed nehmen

- ☐ Ironisch Kraftsport machen
- ☐ Ironisch andere Leute erpressen
- ☐ Ironisch das Telefon ausschalten
- ☐ Ironisch ein neues Wohnhaus bauen
- ☐ Ironisch einen glaubwürdigen Neuanfang ermöglichen
- ☐ Ironisch einen Nachtclub besuchen
- ☐ Ironisch technische Kollateralschäden verursachen
- ☐ Ironisch Insekten essen
- ☐ Ironisch unterschiedliche Positionen einnehmen
- ☐ Ironisch die falsche Richtung nehmen
- ☐ Ironisch das Studium abbrechen
- ☐ Ironisch eine Vermisstenmeldung aufgeben
- ☐ Ironisch das Abitur nachholen
- ☐ Ironisch einen Wohnwagen kaufen
- ☐ Ironisch für Steglitz-Zehlendorf kandidieren
- ☐ Ironisch Tarot-Karten legen
- ☐ Ironisch einen Bitchmove machen
- ☐ Ironisch ein rotes Baumwollhemd tragen
- ☐ Ironisch Lawinen verursachen

- ☐ Ironisch vermögende Kunden anlocken
- ☐ Ironisch telepathischen Kontakt aufnehmen
- ☐ Ironisch öffentliche Verkehrsmittel nutzten
- ☐ Ironisch die Polizei alarmieren
- ☐ Ironisch die führende kritische Avantgarde vereinen
- ☐ Ironisch missbilligende Blicke zuwerfen
- ☐ Ironisch Geburtstagskerzen ausblasen
- ☐ Ironisch das Geschehen kommentieren
- ☐ Ironisch einen üppigen Lebenswandel bestreiten
- ☐ Ironisch den Unterricht stören
- ☐ Ironisch ein Ave-Maria flüstern
- ☐ Ironisch hohe Kosten verursachen
- ☐ Ironisch Wochenenden opfern
- ☐ Ironisch den Samstag überstehen
- ☐ Ironisch ein Malaga-Eis essen
- ☐ Ironisch im Büro rauchen
- ☐ Ironisch freien Jazz spielen
- ☐ Ironisch die Flucht ergreifen
- ☐ Ironisch Trompete spielen
- ☐ Ironisch eine Zipfelmütze aufsetzen

- ☐ Ironisch schlechten Handyempfang vortäuschen
- ☐ Ironisch Schadsoftware installieren
- ☐ Ironisch eine Weile sitzen
- ☐ Ironisch direkten Kontakt vermeiden
- ☐ Ironisch die Nase rümpfen
- ☐ Ironisch die Meinung ändern
- ☐ Ironisch eine Ballettaufführung besuchen
- ☐ Ironisch eine herbe Enttäuschung hinnehmen
- ☐ Ironisch Quiz-Fragen beantworten
- ☐ Ironisch eine Ausbildung absolvieren
- ☐ Ironisch einen Stadtteil aufwerten
- ☐ Ironisch die Branche digitalisieren
- ☐ Ironisch joggen gehen
- ☐ Ironisch perversen Interessen nachgehen
- ☐ Ironisch Englisch lernen
- ☐ Ironisch ein falsches Bild machen
- ☐ Ironisch im Büro sitzen
- ☐ Ironisch maximalen Fahrspaß vermissen
- ☐ Ironisch die Kirche besuchen
- ☐ Ironisch Zeit verschwenden

- ☐ Ironisch Mails verschlüsseln
- ☐ Ironisch einen verschwommenen unwirklichen Eindruck vermitteln
- ☐ Ironisch die Heckscheibe durchschlagen
- ☐ Ironisch Abstand nehmen
- ☐ Ironisch den Bordstein hochfahren
- ☐ Ironisch Korn mahlen
- ☐ Ironisch das Niveau senken
- ☐ Ironisch profane Probleme schaffen
- ☐ Ironisch die Kritik wegschwurbeln
- ☐ Ironisch Bestechungsgeld kassieren
- ☐ Ironisch den guten alten Verbrennungsmotor aufgeben
- ☐ Ironisch eine Katastrophe heraufbeschwören
- ☐ Ironisch langweilige Kunst machen
- ☐ Ironisch Schnaps trinken
- ☐ Ironisch einen radikalen Neuanfang einläuten
- ☐ Ironisch höhere Gebühren zahlen
- ☐ Ironisch einen bürgerlichen Beruf ergreifen
- ☐ Ironisch eine Sprengladungen entschärfen

- ☐ Ironisch eine Steuererklärung machen
- ☐ Ironisch ein Placebo nehmen
- ☐ Ironisch höhlenbrütenden Vögeln eine Nistmöglichkeit bieten
- ☐ Ironisch Kirchenglocken läuten
- ☐ Ironisch einen Deutschen heiraten
- ☐ Ironisch Gemüse essen
- ☐ Ironisch Twitter nutzen
- ☐ Ironisch ein kleines bisschen Hoffnung geben
- ☐ Ironisch den mitgebrachten Whiskey trinken
- ☐ Ironisch einen Fanshop überfallen
- ☐ Ironisch die Koalition verlassen
- ☐ Ironisch eine Frage beantworten
- ☐ Ironisch Allgemeine Betriebswirtschaftslehre studieren
- ☐ Ironisch ein Geschäft ausrauben
- ☐ Ironisch Jobs abbauen
- ☐ Ironisch das Doppelte bezahlen
- ☐ Ironisch Pflichten vernachlässigen
- ☐ Ironisch „Byebye" sagen

- ☐ Ironisch schwerere Zeiten durchstehen
- ☐ Ironisch die Nachrichten bestimmen
- ☐ Ironisch vulgäre Sprache verwenden
- ☐ Ironisch die Kooperation verweigern
- ☐ Ironisch die Fassung verlieren
- ☐ Ironisch die Verbraucher entlasten
- ☐ Ironisch Streichhölzer sparen
- ☐ Ironisch Rigips verscheuern
- ☐ Ironisch gewisse Dinge angehen
- ☐ Ironisch eine Zigarette anbieten
- ☐ Ironisch Beinschienen tragen
- ☐ Ironisch einen Krankenwagen rufen
- ☐ Ironisch ein 7-Gang-Doppelkupplungsgetriebe anbieten
- ☐ Ironisch eine Krawatte tragen
- ☐ Ironisch eine Demokratie aushalten
- ☐ Ironisch einen Rücktritt erklären
- ☐ Ironisch die Geduld verliert
- ☐ Ironisch Mathematik studieren
- ☐ Ironisch Milchschaum erzeugen

- ☐ Ironisch Microsoft-Software nutzen
- ☐ Ironisch die ganze Zeit sitzen
- ☐ Ironisch plump daherkommen
- ☐ Ironisch Gorgonzola essen
- ☐ Ironisch Trampolin springen
- ☐ Ironisch Deutsch lernen
- ☐ Ironisch Halluzinogene anbieten
- ☐ Ironisch Lippenstift auftragen
- ☐ Ironisch den Verkehr behindern
- ☐ Ironisch den Urlaub verbringen
- ☐ Ironisch Straßen zuparken
- ☐ Ironisch die Seiten wechseln
- ☐ Ironisch eine klischeehafte Rolle spielen
- ☐ Ironisch einen gesellschaftlichen Fortschritt bewirken
- ☐ Ironisch Punkte sammeln
- ☐ Ironisch Gedichte schreiben
- ☐ Ironisch Bewertungen bewerten
- ☐ Ironisch die globale Wirtschaft beeinflussen
- ☐ Ironisch Ronny heiraten

- ☐ Ironisch Windräder aufstellen
- ☐ Ironisch eine iPhone-App entwickeln
- ☐ Ironisch private Investoren anlocken
- ☐ Ironisch den christlichen Glauben annehmen
- ☐ Ironisch den ländlichen Raum stärken
- ☐ Ironisch Falten werfen
- ☐ Ironisch das Stadtbild prägen
- ☐ Ironisch das Tempolimit einhalten
- ☐ Ironisch Gartenarbeit machen
- ☐ Ironisch Geschirr spülen
- ☐ Ironisch die Nase zuhalten
- ☐ Ironisch die Frage wiederholen
- ☐ Ironisch die öffentliche Ordnung stören
- ☐ Ironisch einen Benz ausleihen
- ☐ Ironisch „Oooh" rufen
- ☐ Ironisch die formelle Anrede benutzen
- ☐ Ironisch einen Schnaps trinken
- ☐ Ironisch den Fahrspaß steigern
- ☐ Ironisch einen Blumenstrauß mitbringen
- ☐ Ironisch Zeit vertrödeln

- ☐ Ironisch Pfeife rauchen
- ☐ Ironisch die Blut-Hirnschranke überwinden
- ☐ Ironisch für ein Amt kandidieren
- ☐ Ironisch die Doktorarbeit fertigschreiben
- ☐ Ironisch eine neue Ex-Freundin suchen
- ☐ Ironisch kurze Zeit warten
- ☐ Ironisch ein angenehmes Innengefühl vermitteln
- ☐ Ironisch Familienschmuck verkaufen
- ☐ Ironisch Sicherheitsupdates installieren
- ☐ Ironisch Grammatikfehler machen
- ☐ Ironisch eine Bank ausrauben
- ☐ Ironisch ein Jahrhundert durchschlafen
- ☐ Ironisch eine Gefängnisstrafe verbüßen
- ☐ Ironisch Pfefferspray einsetzen
- ☐ Ironisch einen hohen Kredit tilgen
- ☐ Ironisch kompromittierende Fotos machen
- ☐ Ironisch Symbolpolitik betreiben
- ☐ Ironisch eine strenge Diät einhalten
- ☐ Ironisch Sprachpolizei spielen
- ☐ Ironisch Einfluss nehmen

- [ ] Ironisch das Gegenteil wollen
- [ ] Ironisch eine Revolution anführen
- [ ] Ironisch Mopeds klauen
- [ ] Ironisch Drachen töten
- [ ] Ironisch das Außenministerium anrufen
- [ ] Ironisch merkwürdige Kleidung tragen
- [ ] Ironisch Kinder wollen
- [ ] Ironisch Kritik verbieten
- [ ] Ironisch einen Drogentest machen
- [ ] Ironisch die Stirn runzeln
- [ ] Ironisch einen erfolgreichen Einschlafhilfe-Podcast betreiben
- [ ] Ironisch hohe Forderungen stellen
- [ ] Ironisch einen unangenehmen süßlich-faulen Geruch absondern
- [ ] Ironisch Luft zufächeln
- [ ] Ironisch Auseinandersetzung suchen
- [ ] Ironisch kirchenferne junge Menschen erreichen
- [ ] Ironisch Zweisamkeit stören
- [ ] Ironisch die Mode mitmachen

- ☐ Ironisch einen Glauben annehmen
- ☐ Ironisch die Seele verkaufen
- ☐ Ironisch Menschen ansprechen
- ☐ Ironisch das Dschungelcamp gucken
- ☐ Ironisch 3-D-Drucker ausprobieren
- ☐ Ironisch Privilegien verlieren
- ☐ Ironisch Pop hören
- ☐ Ironisch Propaganda glauben
- ☐ Ironisch Hilfe leisten
- ☐ Ironisch eine Playstation kaufen
- ☐ Ironisch sich als Wahrsager ausgeben
- ☐ Ironisch Widersinn genießen
- ☐ Ironisch einen Film ansehen
- ☐ Ironisch Kunstgeschichte studieren
- ☐ Ironisch eine schwarze Lederjacke kaufen
- ☐ Ironisch eine Lüge leben
- ☐ Ironisch klassische Musik hören
- ☐ Ironisch das biologische Wunschgewicht zurückgewinnen
- ☐ Ironisch die Arbeitslosigkeit hinauszögern

- ☐ Ironisch Fragen stellen
- ☐ Ironisch Flöte spielen
- ☐ Ironisch einen schönen Urlaub verbringen
- ☐ Ironisch das Passwort eingeben
- ☐ Ironisch Anrufe entgegennehmen
- ☐ Ironisch den Sueskanal passieren
- ☐ Ironisch einen militärischen Großkonflikt provozieren
- ☐ Ironisch eine Beziehung anfangen
- ☐ Ironisch ein Inseldasein führen
- ☐ Ironisch ein gesundes Leben führen
- ☐ Ironisch einen reißenden Fluss hinunterfahren
- ☐ Ironisch finanzielle Abstriche machen
- ☐ Ironisch einen Rückzieher machen
- ☐ Ironisch stinkende Sachen anziehen
- ☐ Ironisch Mozartkugeln essen
- ☐ Ironisch Flüssigkeiten destillieren
- ☐ Ironisch einen Lyrikband herausgeben
- ☐ Ironisch das Bett verlassen
- ☐ Ironisch einen Termin absagen

- ☐ Ironisch eine andere Autopolitik machen
- ☐ Ironisch Liebesromane schreiben
- ☐ Ironisch den Geist aufgegeben
- ☐ Ironisch infizierte Wildschweinkadaver aufspüren
- ☐ Ironisch das Vaterunser sprechen
- ☐ Ironisch ein politisches Statement setzen
- ☐ Ironisch eine Partei wählen
- ☐ Ironisch prähistorische Bevölkerungskonflikte reflektieren
- ☐ Ironisch Zaubersprüche anwenden
- ☐ Ironisch Werbeanzeigen schalten
- ☐ Ironisch ein falsches Passwort eingeben
- ☐ Ironisch die Taktik ändern
- ☐ Ironisch die Geschwindigkeitsbegrenzung einhalten
- ☐ Ironisch einen langen Bart wachsen lassen
- ☐ Ironisch eine Rose schenken
- ☐ Ironisch Passwörter ausprobieren
- ☐ Ironisch Neuro-Enhancement betreiben
- ☐ Ironisch „Dad" sagen
- ☐ Ironisch eine dämliche Fernsehsendung ansehen

- ☐ Ironisch Brot backen
- ☐ Ironisch die eigene Figur aufwerten
- ☐ Ironisch einen desaströsen Eindruck hinterlassen
- ☐ Ironisch einen Touchdown erzielen
- ☐ Ironisch niedrige Mieten verlangen
- ☐ Ironisch Kohlendioxid kompensieren
- ☐ Ironisch die Schultern kreisen
- ☐ Ironisch die Welt verstehen
- ☐ Ironisch die Stadt verlassen
- ☐ Ironisch Künstler fördern
- ☐ Ironisch einen angesagten Haarschnitt probieren
- ☐ Ironisch Aprikosenkompott kochen
- ☐ Ironisch Pralinen mitbringen
- ☐ Ironisch Hormone nehmen
- ☐ Ironisch einen Prozentpunkt dazugewinnen
- ☐ Ironisch tiefe Trauer spüren
- ☐ Ironisch Probleme bereiten
- ☐ Ironisch Hilfe rufen
- ☐ Ironisch waffenfähiges Uran herstellen
- ☐ Ironisch die deutsche Konjunktur gefährden

- ☐ Ironisch den Dienst quittieren
- ☐ Ironisch die Hand abhacken
- ☐ Ironisch eine empfindliche Niederlage hinnehmen
- ☐ Ironisch eine Musical-Satire inszenieren
- ☐ Ironisch Kunden verschrecken
- ☐ Ironisch das Land verlassen
- ☐ Ironisch kulturelle Freiräume schaffen
- ☐ Ironisch Überlichtgeschwindigkeit erreichen
- ☐ Ironisch Fallen aufstellen
- ☐ Ironisch Schlange stehen
- ☐ Ironisch eine Versicherung abschließen
- ☐ Ironisch Lippen aufspritzen
- ☐ Ironisch Lizenzgebühren entrichten
- ☐ Ironisch hohe Investitionskosten rechtfertigen
- ☐ Ironisch Blumen gießen
- ☐ Ironisch Digitalisierungsprojekte voranbringen
- ☐ Ironisch den Nato-Bündnisfall auslösen
- ☐ Ironisch die Haare schneiden
- ☐ Ironisch Rechtswissenschaft studieren
- ☐ Ironisch Öl pumpen

- ☐ Ironisch einen Englisch-Intensivkurs besuchen
- ☐ Ironisch ein neues Heimatgefühl vermitteln
- ☐ Ironisch tierische Laute ausstoßen
- ☐ Ironisch das Bundesverdienstkreuz erhalten
- ☐ Ironisch ein Kind zeugen
- ☐ Ironisch den Winter überstehen
- ☐ Ironisch Stellung beziehen
- ☐ Ironisch shoppen gehen
- ☐ Ironisch das Feldbogenschießen ausprobieren
- ☐ Ironisch die Reichweite verdoppeln
- ☐ Ironisch öffentliche Verkehrsmittel benutzen
- ☐ Ironisch einen Fehlalarm auslösen
- ☐ Ironisch ein Doppelleben führen
- ☐ Ironisch einen Business-Plan erstellen
- ☐ Ironisch den Doktortitel behalten
- ☐ Ironisch einen höheren sozialen Status erreichen
- ☐ Ironisch die einzige dokumentierte Ausnahme bilden
- ☐ Ironisch Autos waschen
- ☐ Ironisch einen Kindersitz benutzen

- ☐ Ironisch ein Gedicht rezitieren
- ☐ Ironisch den Beruf aufgeben
- ☐ Ironisch einen Moment stehen
- ☐ Ironisch die Goldmedaille holen
- ☐ Ironisch etwas Tiefsinniges sagen
- ☐ Ironisch einen Gottesdienst besuchen
- ☐ Ironisch junge Leute ansprechen
- ☐ Ironisch eine mitreißende Rede halten
- ☐ Ironisch nackt Modell stehen
- ☐ Ironisch Autorität vermitteln
- ☐ Ironisch Englisch reden
- ☐ Ironisch Einkommensteuer zahlen
- ☐ Ironisch eine neue SIM-Karte beantragen
- ☐ Ironisch Podcasts hören
- ☐ Ironisch den Raum verlassen
- ☐ Ironisch eine öffentliche Entschuldigung abgeben
- ☐ Ironisch das Ja-Wort geben
- ☐ Ironisch Kohlgemüse ernten
- ☐ Ironisch Sprit verbrauchen
- ☐ Ironisch Tonaufzeichnungen anfertigen

- ☐ Ironisch die Stimmung vergiften
- ☐ Ironisch eine Haftpflichtversicherung abschließen
- ☐ Ironisch Bereitschaft zeigen
- ☐ Ironisch den Atlantik überqueren
- ☐ Ironisch die ganze Welt hassen
- ☐ Ironisch ein rosa Hemd tragen
- ☐ Ironisch ein Stopp-Schild beachten
- ☐ Ironisch das Theater besuchen
- ☐ Ironisch die Augenbrauen hochziehen
- ☐ Ironisch die Schwiegereltern besuchen
- ☐ Ironisch Dateianhänge öffnen
- ☐ Ironisch den inneren Elvis aktivieren
- ☐ Ironisch ein Pub aufsuchen
- ☐ Ironisch eine Datenpanne melden
- ☐ Ironisch Pilates-Kurse besuchen
- ☐ Ironisch das Jawort geben
- ☐ Ironisch einen Streich spielen
- ☐ Ironisch Privatinsolvenz anmelden
- ☐ Ironisch eine schlechtere Wahl treffen
- ☐ Ironisch eine Ewigkeit stehen

- ☐ Ironisch einen Vogel zeigen
- ☐ Ironisch eine riesige Drohkulisse aufbauen
- ☐ Ironisch Ziegen halten
- ☐ Ironisch einen Militärputsch abwehren
- ☐ Ironisch ein Gerücht streuen
- ☐ Ironisch Seemannslieder grölen
- ☐ Ironisch Sand sieben
- ☐ Ironisch beliebigen Code ausführen
- ☐ Ironisch Lösegeld fordern
- ☐ Ironisch unangenehme Entscheidungen mittragen
- ☐ Ironisch eine Kutsche herbeiwinken
- ☐ Ironisch die Welt retten
- ☐ Ironisch nach Brandenburg fahren
- ☐ Ironisch die halbe Nacht liegen
- ☐ Ironisch Zaubern lernen
- ☐ Ironisch Medikamente nehmen
- ☐ Ironisch ein Spielzeuggeschäft führen
- ☐ Ironisch ein Geständnis unterzeichnen
- ☐ Ironisch Männer aufreißen
- ☐ Ironisch Krafttraining machen

- ☐ Ironisch bei Gott schwören
- ☐ Ironisch einen großen Eröffnungsmonolog halten
- ☐ Ironisch Handschellen anlegen
- ☐ Ironisch kostenlose Videoanrufe starten
- ☐ Ironisch einen Präsentkorb überreichen
- ☐ Ironisch Vorurteile bestätigen
- ☐ Ironisch eine Rekordstrafe zahlen
- ☐ Ironisch einen historischen Sieg feiern
- ☐ Ironisch Hobbys aufgeben
- ☐ Ironisch Grimassen ziehen
- ☐ Ironisch Unkraut pflanzen
- ☐ Ironisch Fakten schaffen
- ☐ Ironisch Schafe jagen
- ☐ Ironisch eigene pornografische Literatur anfertigen
- ☐ Ironisch einen Kilo zunehmen
- ☐ Ironisch ein Exempel statuieren
- ☐ Ironisch eine andere Sprache sprechen
- ☐ Ironisch Gehaltsvorstellungen äußern
- ☐ Ironisch das politische Establishment herausfordern
- ☐ Ironisch einen Millionenerben heiraten

- ☐ Ironisch den ganzen Vormittag schlafen
- ☐ Ironisch einen gesellschaftlichen Mehrwert leisten
- ☐ Ironisch eine Pause einlegen
- ☐ Ironisch die Spielregeln einhalten
- ☐ Ironisch die Wohnung entrümpeln
- ☐ Ironisch Anhalter aufnehmen
- ☐ Ironisch Klimaschutzprojekte umsetzen
- ☐ Ironisch den Rausch ausschlafen
- ☐ Ironisch einen Slalomparcours bewältigen
- ☐ Ironisch eine Grabrede halten
- ☐ Ironisch Mobilfunkanschlüsse verkaufen
- ☐ Ironisch günstigen Wohnraum schaffen
- ☐ Ironisch die Sozialdemokratie retten
- ☐ Ironisch den Kohleausstieg ermöglichen
- ☐ Ironisch die Geburtenrate steigern
- ☐ Ironisch einen höheren Bildungsabschluss erreichen
- ☐ Ironisch die weiße Flagge hissen
- ☐ Ironisch Kinder erschrecken
- ☐ Ironisch die Oma verkaufen

Über dieses Buch

Alle Tätigkeiten in diesem Buch sind Zeitungsartikeln, Romanen und der Wikipedia entnommen (gefiltert mit Hilfe eines *Python-Scripts* und per Hand ausgewählt in einem *Google Spreadsheet*). Anschließend wurde jede Tätigkeit mit dem Wort „ironisch" kombiniert.

Gregor Weichbrodt, 2020
www.ggor.de

www.ingramcontent.com/pod-product-compliance
Lightning Source LLC
Chambersburg PA
CBHW030522220526
45463CB00007B/2675